WEINAUFG

LEBENSMITT

WEIN PAAREN

50 SCHNELLE UND
EINFACHE REZEPTE

C000136249

HENRI DE BRUYNE

Alle Rechte vorbehalten.

Haftungsausschluss

Die enthaltenen Informationen sollen als umfassende Sammlung von Strategien dienen, über die der Autor dieses eBooks recherchiert hat. Zusammenfassungen, Strategien, Tipps und Tricks sind nur Empfehlungen des Autors. Das Lesen dieses eBooks garantiert nicht, dass die Ergebnisse genau den Ergebnissen des Autors entsprechen. Der Autor des eBooks hat alle zumutbaren Anstrengungen unternommen, um den Lesern des eBooks aktuelle und genaue Informationen zur Verfügung zu stellen. Der Autor und seine Mitarbeiter haften nicht für unbeabsichtigte Fehler oder Auslassungen. Das Material im eBook kann Informationen von Dritten enthalten. Materialien von Drittanbietern bestehen aus Meinungen, die von ihren Eigentümern geäußert wurden. Daher übernimmt der Autor des eBooks keine Verantwortung oder Haftung für Material oder Meinungen Dritter.

Das eBook unterliegt dem Copyright © 2021, alle Rechte vorbehalten. Es ist illegal, dieses eBook ganz oder teilweise weiterzugeben, zu kopieren oder abgeleitete Werke daraus zu erstellen. Ohne die ausdrückliche und unterschriebene schriftliche

Genehmigung des Autors dürfen keine Teile dieses Berichts in irgendeiner Form reproduziert oder erneut übertragen werden.

EINFÜHRUNG

Das Aufgießen mit Wein kann ein Vergnügen und eine Bereicherung für gutes Essen, Trinken und eine gute Mahlzeit sein! Wenn Wein erhitzt wird, verschwinden sowohl der Alkoholgehalt als auch die Sulfite, so dass nur die Essenz einen subtilen Geschmack verleiht.

Die erste und wichtigste Regel: Verwenden Sie in Ihrer Küche nur Weine oder Getränke, die Sie trinken würden. Verwenden Sie niemals Wein, den Sie NICHT TRINKEN WÜRDEN! Wenn Sie den Geschmack eines Weins nicht mögen, werden Sie das Gericht und die Getränke, in denen Sie ihn verwenden, nicht mögen.

Verwenden Sie nicht die sogenannten "Kochweine"! Diese Weine sind in der Regel salzig und enthalten andere Zusatzstoffe, die den Geschmack des von Ihnen gewählten Gerichts und Menüs beeinflussen. Der Prozess des Kochens / Reduzierens bringt das Schlimmste in einem minderwertigen Wein hervor.

Wein hat drei Hauptverwendungen in der Küche - als Marinadenzutat, als Kochflüssigkeit und als Aroma in einem fertigen Gericht.

Die Funktion des Weins beim Kochen besteht darin, den Geschmack und das Aroma von Lebensmitteln zu intensivieren, zu verbessern und hervorzuheben - nicht um den Geschmack dessen, was Sie kochen, zu maskieren, sondern um ihn zu stärken.

Für beste Ergebnisse sollte Wein nicht unmittelbar vor dem Servieren zu einem Gericht hinzugefügt werden. Der Wein sollte mit dem Essen oder der Sauce köcheln, um den Geschmack zu verbessern. Es sollte mit dem Essen oder in der Sauce köcheln, während es gekocht wird; Wenn der Wein kocht, reduziert er sich und wird zu einem Extrakt, der schmeckt.

Denken Sie daran, dass Wein nicht in jedes Gericht gehört. Mehr als eine Weinsauce in einer Mahlzeit kann eintönig sein. Verwenden Sie Wein kocht nur, wenn er etwas hat, um zum fertigen Gericht beizutragen.

INFUSIERTE WEINE

1. Weißer Sangria-infundierter Wein

Zutaten

- 1/2 Limette
- 1/2 Zitrone
- 1 Pfirsich
- 1/2 grüner Apfel
- 1,5 Tassen Wein

Richtungen:

a) Stellen Sie sicher, dass der Wein mindestens Raumtemperatur hat oder etwas wärmer ist.

b) Schrubben Sie die Außenseite von Limette und Zitrone leicht und entfernen Sie die Schale mit einem Gemüseschäler oder -schale. Stellen Sie sicher, dass sich auch wenig bis gar kein Mark löst, und entfernen Sie alle mit einem Schälmesser. Schrubben Sie die Außenseite des Apfels leicht, entkernen Sie ihn dann und würfeln Sie ihn grob. Schrubben Sie die Außenseite des Pfirsichs leicht, entfernen Sie dann die Grube und würfeln Sie das Fleisch grob.

c) Alle Zutaten mit dem Wein in den Schlagsiphon geben. Verschließen Sie den Schlagsiphon, laden Sie ihn auf und schwenken Sie ihn 20 bis 30 Sekunden lang. Lassen Sie den Siphon eineinhalb Minuten länger sitzen. Legen Sie ein Handtuch über den Siphon und entlüften Sie ihn. Öffnen Sie den Siphon und warten Sie, bis das Sprudeln aufhört.

d) Falls gewünscht, den Wein abseihen und vor der Verwendung mindestens 5 Minuten ruhen lassen.

2. Orangen und Feigen in gewürztem Rotwein

Zutat

- 2 Tassen Rotwein

- 1 Tasse Zucker

- 1 Stück Zimtstange

- 4 Sternanis; zusammengebunden mit

- 4 Kardamomkapseln; zusammengebunden mit

- 2 Ganze Nelken

- 6 große   Nabel Orangen; geschält

- 12 Getrocknete Feigen; halbiert

- ⅓ Tasse Walnüsse oder Pistazien; gehackt

a) Kombinieren Sie Wein, Zucker und Bouquet garni in einem Topf, der groß genug ist, um die Orangen und Feigen in einer Schicht zu enthalten. Bei mäßiger Hitze abgedeckt köcheln lassen.

b) Die Feigen dazugeben und 5 Minuten köcheln lassen. Fügen Sie die Orangen hinzu und drehen Sie sie für 3 bis 4 Minuten, drehen Sie sie, damit sie gleichmäßig kochen.

c) Schalten Sie die Heizung aus und lassen Sie die Orangen und Feigen im Sirup abkühlen. Obst in eine Schüssel geben. Den Sirup halbieren und abkühlen lassen. Bouquet garnieren und Sirup über Feigen und Orangen geben.

3. Sternanis-Kaffee infundierter Wein

Zutaten

Für den mit Kaffee angereicherten Rotwein

- 5 Esslöffel geröstete Kaffeebohnen
- 1 750 ml Flasche trockener italienischer Rotwein
- 1 Tasse Wasser
- 1 Tasse Turbinadozucker
- 12 Stern Anis

Für den Cocktail

- 3 Unzen kaffee-infundierter Rotwein
- 1 Unze Cocchi Vermouth di Torino, gekühlt
- 2 Teelöffel Sternanissirup
- 2 Striche Fee Brothers Aztec Bitter
- Eis (optional)
- Garnierung: Zimtstange oder Zitronenlocke

Richtungen

a) Für den mit Kaffee angereicherten Rotwein: Kaffeebohnen in die Flasche Wein geben, mit einem Stopfen verschließen und 24 Stunden bei Raumtemperatur ziehen lassen. Vor Gebrauch abseihen.

b) Für den Sternanissirup: Wasser, Zucker und Sternanis zum Kochen bringen und umrühren, bis sich der Zucker aufgelöst hat. Vom Herd nehmen und 30 Minuten ziehen lassen. Abseihen und abkühlen lassen.

c) Für jedes Getränk: In einem Weinglas mit Kaffee angereicherten Wein, Cocchi-Wermut, Sternanissirup und Schokoladenbitter umrühren. Falls gewünscht, Eis hinzufügen und garnieren.

4. Rosen-, Erdbeer- und Traubenwein

ZUTATEN

- 100 g Erdbeeren, geschält und in Scheiben geschnitten
- 1 mittelrote Grapefruit, in Runden geschnitten
- 1 Hagebuttenzweig, optional (wenn in der Saison)
- 1 TL Rosenwasser
- 700ml Rosé Rouge Wein

Richtungen:

a) Erdbeeren, geschnittene Grapefruit und Rosenwasser in ein sterilisiertes 1-Liter-Glas oder eine Flasche geben und über den Rosé gießen. Verschließen Sie das Glas fest und lagern Sie es über Nacht im Kühlschrank. Schütteln Sie das Glas gelegentlich vorsichtig, um die Aromen zu verfeinern.

b) Wenn Sie bereit sind zu dienen, passieren Sie den Rosé durch ein feinmaschiges Sieb, das mit Musselin oder einem sauberen J-Tuch ausgekleidet ist, in einen großen Krug und werfen Sie die Früchte weg.

c) Zum Servieren einer Menge Rosen-, Erdbeer- und Rotgrapefruitwein Sprudelwasser hinzufügen und mit Rosenblättern garnieren. Für einen Rosen-Aperol-Spritz 200 ml Rosé mit 25 ml Aperol mischen und mit einer Scheibe Grapefruit garnieren.

5. Eisweinpfirsiche

ZUTATEN

- 6 frische Pfirsiche, gehäutet, entkernt und halbiert
- ½ Tasse Zucker (125 ml)
- 1 Tasse Eiswein (250 ml)
- 1 Tasse Wasser (250 ml)

RICHTUNGEN

a) In einer Saucenpfanne 1 Tasse Wasser, Zucker und Eiswein vermischen und bei schwacher Hitze köcheln lassen, bis sich der Zucker aufgelöst hat. Den Sirup weitere 3 Minuten kochen, die Hitze abnehmen und beiseite stellen, bis er gebraucht wird.

b) In eine Glasschüssel die Pfirsichhälften legen und Eisweinsirup darüber gießen und im Kühlschrank aufbewahren, damit sich die Aromen vermischen können.

c) Gekühlt in einer kleinen Schüssel servieren und mit etwas Puderzucker garnieren.

6. Zitronen-Rosmarin-Wein

Zutaten

- 1 Flasche Weißwein Ich würde Sauvignon Blanc, Pinot Gris, Pinot Grigio oder Riesling verwenden
- 4 Zweige frischer Rosmarin
- 3-4 lange Zitronenschalenstücke, die versuchen, das weiße Mark nicht darauf zu bekommen

Richtungen:

a) Öffnen Sie Ihre Flasche Wein oder verwenden Sie die Flasche, die seit einigen Tagen in Ihrem Kühlschrank ist.

b) Reinigen und trocknen Sie Ihre Kräuter (in diesem Fall Rosmarin).

c) Entfernen Sie mit einem Gemüseschäler 4-5 lange Stücke Zitronenschale, und achten Sie darauf, dass Sie nicht zu viel vom weißen Pech bekommen.

d) Rosmarin und Zitronenschale in die Weinflasche geben.

e) Fügen Sie einen Korken hinzu und legen Sie ihn über Nacht bis zu mehreren Tagen in Ihren Kühlschrank.

f) Zitronenschale und Kräuter wegwerfen.

g) Trink den Wein.

7. Hausgemachter Kiwi

Zutat

- 75 Reife Kiwi

- 2 Pfund Rote Trauben, gefroren

- 12 Unzen 100% Traubenkonzentrat

- 10 Pfund Zucker

- 2 Packungen   Hefe

a) Kiwi schälen, mit aufgetauten Trauben zerdrücken, Zucker in Glasballon geben, vollständig auflösen,

Fruchtpüree, Traubenkonzentrat, Wasser (ca. 4 Gallonen) und Hefe hinzufügen.

b) Gären wie gewohnt. Dies ist nur der erste Geschmack

8. Mangos in Wein (Tahiti)

Zutat

- 12 Reife Mangos

- ⅔ Liter Rotwein

- 130 Gramm   Rizinuszucker

- 2 Schoten frische Vanille

a) Entfernen Sie die Haut von den Mangos und schneiden Sie sie in zwei Teile, wobei Sie die Samen entfernen.

b) Mit der hohlen Seite nach oben in eine große Schüssel geben und mit Wein bedecken.

c) Fügen Sie Zucker und Vanilleschoten hinzu. 45 Minuten backen, abkühlen lassen und dann vor dem Servieren gut abkühlen lassen.

9. Löwenzahnwein

Zutat

- 4 Liter   Löwenzahnblüten

- 4 Liter   Kochendes Wasser

- 6 Orangen

- 4 Zitronen

- 2 Hefekuchen

- 4 Pfund   Zucker

a) Die Blüten im kochenden Wasser anbrühen und über Nacht stehen lassen. Am nächsten Morgen abseihen, das Fruchtfleisch und den Saft von 6 Orangen, den Saft von 4 Zitronen, die Hefe und den Zucker hinzufügen. 4 Tage gären lassen, dann abseihen und abfüllen. In kleinen Gläsern bei Raumtemperatur servieren.

10. Heißer Apfelwein

Zutat

- ½ Tasse Rosinen

- 1 Tasse Licht Rum

- 6 Tassen Apfelwein oder harter Apfelwein

- 2 Tassen Orangensaft

- ⅓ Tasse brauner Zucker

- 6 Ganze Nelken

- 2 Zimtstangen

- 1 Orange, Scheibe

a) In einer kleinen Schüssel die Rosinen mehrere Stunden oder über Nacht in Rum einweichen.

b) In einem großen Topf alle Zutaten vermischen und unter häufigem Rühren erhitzen, bis sich der Zucker aufgelöst hat. Vorsichtig köcheln lassen, bis es heiß ist. Nicht kochen. In hitzebeständigen Lochbechern oder Bechern servieren. Macht 9 Tassen

11. Heiße Cranberry-Weinschale am Kamin

Zutat

- 4,00 Tasse   Cranberry-Saft-Cocktail

- 2,00 Tasse   Wasser

- 1,00 Tasse   Zucker

- 4,00 Zoll Stick Zimt

- 12.00 Gewürznelken, ganz

- 1,00 1/2 Zitrone schälen, einschneiden

- 1,00 Streifen

- 2.00 Fünftel des trockenen Weins

- $\frac{1}{4}$ Tasse Zitronensaft

a) Cranberrysaft, Wasser, Zucker, Zimt, Nelken und Zitronenschale in einer Saucenpfanne vermischen. Zum Kochen bringen und umrühren, bis sich der Zucker aufgelöst hat.

b) Unbedeckt köcheln lassen, 15 Minuten abseihen. Wein und Zitronensaft hinzufügen, gründlich erhitzen, aber NICHT kochen. Streuen Sie Muskatnuss auf jede Portion, falls gewünscht.

12. Pfefferwein

Zutat

- 6 Pfeffer, rot, scharf; frisch
- 1 Pint Rum, leicht

a)   Die ganzen Paprikaschoten in ein Glas geben und
     den Rum (oder trockenen Sherry) einfüllen. Mit
     dem Deckel fest abdecken und 10 Tage vor
     Gebrauch stehen lassen.

b)   Verwenden Sie ein paar Tropfen in Suppen oder
     Sauce. Pfefferessig wird auf die gleiche Weise
     hergestellt.

c)   Wenn keine frischen Paprikaschoten verfügbar sind,
     können ganze, heiß getrocknete Paprikaschoten
     verwendet werden.

13. Ananas in Portwein

Zutat

- 1 Medium Ananas, gereinigt (ca. 2-1 / 2 lbs)

- Fein geschnittene Schale von 1 Orange

- Fein geschnittene Schale von 1/2 Grapefruit

- 4 Esslöffel   Hellbrauner Zucker oder nach Geschmack

- $\frac{3}{4}$ Tasse   Ananassaft

- $\frac{1}{2}$ Tasse   Hafen

a) Dies ist eine besonders gute Behandlung für eine Ananas, die sich als nicht so süß herausstellt, wie sie sein sollte. Je besser der Hafen, desto besser das Dessert. Machen Sie dieses Dessert einen Tag im Voraus für den besten Geschmack.

b) Die Ananas schälen, in Scheiben schneiden und entkernen und in 1-Zoll-Würfel oder dünne Scheiben schneiden. In der Pfanne die Schalen, den Zucker und den Ananassaft kochen. 5 Minuten kochen lassen, bis die Schalen weich sind. Während die Flüssigkeit noch warm ist, fügen Sie die Ananasstücke hinzu und rühren Sie den Port ein.

c) Mindestens 8 Stunden oder über Nacht im Kühlschrank lagern. Vor dem Servieren auf Raumtemperatur kommen lassen, da sonst die Aromen verloren gehen.

14. Rhabarberwein

Zutat

- 3 Pfund   Rhabarber

- 3 Pfund   weißer Zucker

- 1 Teelöffel   Hefenährstoff

- 1 Gallone Heißes Wasser (muss nicht kochen)

- 2 Campden Tabletten (zerkleinert)

- Weinhefe

a) Zerhacken Sie Ihre Rhabarberstiele und frieren Sie sie einige Tage in Plastiktüten ein, bevor Sie den Wein herstellen. Ich verstehe wirklich nicht, warum dies einen Unterschied machen sollte, aber es tut es. Wenn Sie frischen Rhabarber verwenden, kommt der Wein nie so gut heraus.

b) Du musst Geduld haben. Rhabarberwein kann mit acht Monaten uninteressant und mit zehn Monaten wirklich gut schmecken. Du musst es weich werden lassen.

c) Verwenden Sie gefrorenen geschnittenen Rhabarber. Geben Sie es zusammen mit dem Zucker in den Primärfermenter. Abdecken und 24 Stunden stehen lassen. Fügen Sie das heiße Wasser hinzu, mischen Sie alles zusammen und geben Sie den Rhabarber heraus.

d) Geben Sie die Flüssigkeit wieder in den Primärfermenter und geben Sie den Rest der Zutaten hinzu, wenn es lauwarm ist.

e) Abdecken und drei oder vier Tage gären lassen. Dann saugen Sie die Flüssigkeit in Gallonenkrüge mit Fermentationsschlössern.

15. Glühwein (heißer Gewürzwein)

Zutat

- $\frac{1}{4}$ Liter   Weiß- oder Rotwein (1 Tasse plus 1 EL) 6 Zuckerwürfel oder nach Geschmack

- je 1   Eine ganze Nelke

- 1 klein   Stück Zitronenschale

- Ein wenig Zimtstange

Alle Zutaten mischen und bis zum Siedepunkt erhitzen. In ein vorgewärmtes Glas gießen, Glas in eine Serviette einwickeln und sofort servieren.

16. Cranberry-infundierter Wein

Zutat

- 2 c. trockener Weißwein wie Sauvignon Blanc oder Chardonnay
- 1 c. frische oder gefrorene aufgetaute Preiselbeeren

Richtungen

a)   Wein und Preiselbeeren in einen Behälter mit dicht
     schließendem Deckel geben.

b)   Abdecken und einige Male schütteln. Über Nacht
     bei Raumtemperatur stehen lassen. Vor Gebrauch
     abseihen; Preiselbeeren wegwerfen.

17. Himbeer-Minze-infundierter Wein

Zutaten

- 1 Tasse frische Himbeeren
- 1 kleines Bündel frische Minze
- 1 Flasche Weißwein trocken oder süß, was auch immer Sie bevorzugen

Richtungen:

a) Die Himbeeren und die Minze in ein viertelgroßes Glas geben. Mit einem Löffel die Himbeeren leicht zerdrücken.

b) Gießen Sie die gesamte Flasche Wein über die Himbeeren und die Minze, decken Sie sie mit einem Deckel ab und stellen Sie sie an einen ruhigen Ort in Ihrer Küche.

c) Die Infusion 2-3 Tage ziehen lassen, dann die Himbeeren und die Minze mit einem feinmaschigen Sieb abseihen und genießen!

18. Liebesgetränkter Wein

Zutaten

- 1 Glas 1 Liter oder 1 Liter Größe
- 2 TL Zimtpulver oder 2 Zimtstangen
- 3 TL Ingwerwurzelpulver oder frische Ingwerwurzel geschält etwa 1 cm lang
- Option 1 - 1 Zoll Stück Vanilleschote oder 1 TL Vanilleextrakt
- oder Option 2 - 2 Kardamomkapseln + 2 Sternanis

- 3 Tassen Rotwein oder eine 750 ml Flasche

Richtungen:

a) Den Rotwein in das Glas geben

b) Fügen Sie die Kräuterkomponenten hinzu

c) Umrühren, um die Zutaten zu mischen.

d) Setzen Sie den Deckel auf das Glas. 3-5 Tage in einen kühlen, dunklen Schrank stellen.

e) Gut (oder 2x) in ein anderes Glas oder eine hübsche Glaskaraffe abseihen. Es ist fertig!!!

19. Äpfel in Rotwein

Zutat

- 1 Kilogramm   Äpfel (2 1/4 lb) Sie BRAUCHEN einen Apfel, der beim Kochen seine Form behält !!

- 5 Deziliter   Rotwein (1 Pint)

- 1   Zimtstange

- 250 Gramm   Zucker (9 oz)

a) Zehn Stunden im Voraus Wein, Zimt und Zucker bei starker Hitze 10 Minuten lang in einem breiten, flachen Topf kochen.

b) Schälen Sie die Äpfel und schneiden Sie sie mit einem Melonenballer mit einem Durchmesser von etwa $2\frac{1}{2}$ cm in kleine Kugeln.

c) Werfen Sie die Apfelbällchen in den heißen Wein. Sie sollten sich nicht überlappen: Deshalb benötigen Sie eine breite, flache Pfanne. 5 bis 7 Minuten köcheln lassen und mit Aluminiumfolie bedeckt, damit sie nicht unter Wasser bleiben.

d) Wenn die Äpfel gekocht, aber noch fest sind, nehmen Sie die Pfanne vom Herd. Lassen Sie die Apfelbällchen ca. 10 Stunden im Rotwein mazerieren, um eine gute rote Farbe anzunehmen.

e) Servieren: gut gekühlt, mit einer Kugel Vanilleeis oder in einer Auswahl an kalten Fruchtdesserts.

20. Bajan Pfeffer Wein

Zutat

- 18 "Weinpaprika" oder eine ähnliche Menge der winzigen roten Paprika

- Barbados weißer Rum

- Sherry

a) Entfernen Sie die Stängel von den Paprikaschoten und geben Sie sie in eine Flasche. Decken Sie sie dann mit Rum ab und lassen Sie sie zwei Wochen lang stehen.

b) Abseihen und mit Sherry auf die gewünschte "Schärfe" verdünnen.

21. Orangen-Dessertwein

Zutat

- 5 Stück   Orangen, Louisiana Naval

- 2 Stück   Zitronen

- 5 Liter   Wein, trockenes Weiß

- 2 Pfund   Zucker

- 4 Tassen Brandy

- je 1   Vanilleschote

- je 1   Stück (1/2) Orangenschale, trocken

a) Die Schalen der Orangen und Zitronen reiben und aufbewahren. Die Früchte vierteln und in einen Demi-John oder einen anderen großen Behälter (Topf oder Glas) geben.

b) Gießen Sie den Wein hinein und fügen Sie dann die geriebenen Schalen, den Zucker, den Brandy, die Vanilleschote und das Stück getrocknete Orangenschale hinzu.

c) Verschließen Sie das Glas und lagern Sie es 40 Tage lang an einem kühlen, dunklen Ort. Durch Stoff und Flasche abseihen. Gekühlt servieren.

22. Orange mit Rotweinsirup

Zutat

- 2 Tassen Rotwein mit vollem Geschmack

- ½ Tasse) Zucker

- 1 3 "Stück Zimtstange

- 2 Medien Honigmelonen oder Kantalupen mit Orangenfleisch

a) Kombinieren Sie in einem mittelgroßen, nicht reaktiven Topf Wein, Zucker und Zimt. Bei starker Hitze zum Kochen bringen und ca. 12 Minuten kochen lassen, bis sie halbiert sind.

b) Entfernen Sie den Zimt und lassen Sie den Sirup auf Raumtemperatur abkühlen

c) Die Melonen kreuzweise halbieren und die Samen wegwerfen. Schneiden Sie eine dünne Scheibe vom Boden jeder Melonenhälfte so ab, dass sie aufrecht sitzt, und legen Sie jede Hälfte auf einen Teller.

d) Gießen Sie den Rotweinsirup in die Melonenhälften und servieren Sie ihn mit großen Löffeln.

23. Orangenwein (vin d'orange)

Zutat

- 3 Marine Orangen; halbiert

- 1 Tasse Zucker

- 1 Viertel Weißwein

- 2 Medien Marine Orangen

- 20 Ganze Nelken

a) In einem Topf bei mittlerer Hitze die Orangenhälften in den Topf drücken, die gepressten Orangen und den Zucker hinzufügen. Zum Kochen bringen, Hitze reduzieren und 5 Minuten köcheln lassen. Vom Herd nehmen und vollständig abkühlen lassen.

b) In ein $1\frac{1}{2}$-Liter-Glas abseihen und die Orangen mit der Rückseite eines Löffels andrücken, um den gesamten Saft freizusetzen. Wein einrühren. Die Nelken in die ganzen Orangen stecken. Die Orangen halbieren und in das Glas geben.

c) Befestigen Sie den Deckel fest und lassen Sie ihn mindestens 24 Stunden und bis zu 1 Monat ruhen.

24. Ingwerwein

Zutat

- ¼ Pfund Ingwer
- 4 Pfund DC Zucker
- 1 Gallone Wasser
- 2 Teelöffel   Hefe
- ½ Pfund Trockenfrüchte
- ½ Unze Streitkolben

a) Ingwer zerdrücken und in ein Glas geben. Alle anderen Zutaten hinzufügen und 21 Tage ruhen lassen.

b) Abseihen und abfüllen.

25. Glühwein

Werkzeuge, die Sie brauchen.

- Zitruspresse
- Weinflaschenöffner
- Scharfes Messer
- Großer Topf
- Sieb
- Tassen

Zutaten

- 1 Flasche Rotwein

- 2 Orangen
- 3 Zimtstangen
- 5-Sterne-Anis
- 10 ganze Nelken
- 3/4 Tasse brauner Zucker

Richtungen:

a) Alle Zutaten außer den Orangen in einen mittelgroßen Topf geben.

b) Mit einem scharfen Messer oder Schäler die Hälfte einer Orange schälen. Vermeiden Sie es, so viel Mark (weißer Teil) wie möglich zu schälen, da es einen bitteren Geschmack hat.

c) Die Orangen entsaften und zusammen mit der Orangenschale in den Topf geben.

d) Bei mittlerer Hitze die Mischung erwärmen, bis sie nur noch dämpft. Reduzieren Sie die Hitze auf einen niedrigen Wert. 30 Minuten erhitzen, damit die Gewürze hineingießen können.

e) Den Wein abseihen und in hitzebeständige Tassen servieren.

26. Weinkühler

Zutat

- 1,00   Portion

- $\frac{3}{4}$ Tasse   Limonade

- $\frac{1}{4}$ Tasse   Trockener Rotwein

- Zweig Minze

- Maraschino-Kirsche

a) Dies macht ein farbenfrohes und erfrischendes Getränk, wenn die Flüssigkeiten nicht miteinander vermischt werden. Gießen Sie die Limonade über zerstoßenes Eis und fügen Sie dann den Rotwein hinzu.

b) Mit einem Zweig Minze und einer Kirsche garnieren. Gut für heiße Tage.

27. Wein Eierlikör

Ausbeute: 20 Portionen

Zutat

- 4,00 Eiweiß

- 1 Fünfter trockener Weißwein

- $\frac{1}{2}$ Tasse frischer Zitronensaft

- 1,00 Esslöffel   Zitronenschale; gerieben

- 1,00 Tasse   Honig
- 6,00 Tasse   Milch
- 1,00 Liter Halb und halb
- 1,00 Muskatnuss; frisch gerieben

a) Eiweiß steif schlagen und beiseite stellen. Kombinieren Sie Wein, Zitronensaft, Schale und Honig in einem großen Topf. Unter Rühren erhitzen, bis es warm ist, dann langsam Milch und Sahne hinzufügen.

b) Weiter erhitzen und rühren, bis die Mischung schaumig ist; vom Herd nehmen. Eiweiß unterheben und in Bechern mit einer Prise Muskatnuss darüber servieren.

28. Pfirsichweinkühler

Zutat

- 16 Unzen Ungesüßte Pfirsiche; aufgetaut

- 1 Viertel Pfirsichsaft

- 750 Milliliter   Trockener Weißwein; = 1 Flasche

- 12 Unzen Aprikosennektar

- 1 Tasse   Zucker

a)   In einem Mixer oder einer Küchenmaschine
     Pfirsiche pürieren. Kombinieren Sie in einem
     Behälter Pfirsiche und die restlichen Zutaten.

b)   Abdecken und 8 Stunden oder über Nacht kalt
     stellen, damit sich die Aromen vermischen können.
     Im Kühlschrank lagern. Gekühlt servieren.

INFUSIERTE DESSERTS

29. Obst- und Weinkompott

Zutat

- 4 kleine   Birnen

- 1 Orange

- 12 Feuchte Pflaumen

- A 2,5 cm; (1 Zoll) Stick; Zimt

- 2 Koriandersamen

- 1 Nelke

- $\frac{1}{4}$ Lorbeerblatt; (Optional)

- $\frac{1}{3}$ Vanilleschote

- 4 Esslöffel   Rizinuszucker

- $1\frac{1}{2}$ Tasse   Guter Rotwein

a) Birnen schälen, waschen und Orange in $\frac{1}{2}$ cm ($\frac{1}{4}$ in) Scheiben schneiden.

b) Legen Sie die Birnen vorsichtig mit dem Stiel in den Topf. Legen Sie die Pflaumen zwischen die Birnen und fügen Sie Zimt, Koriandersamen, Nelke, Lorbeerblatt, Vanille und Rizinuszucker hinzu.

c) Top mit Orangenscheiben und Wein hinzufügen. Fügen Sie bei Bedarf Wasser hinzu, damit gerade genug Flüssigkeit vorhanden ist, um die Früchte zu bedecken.

d) Zum Kochen bringen, zum Kochen bringen und die Birnen 25 bis 30 Minuten pochieren, bis sie weich sind. Obst in Flüssigkeit abkühlen lassen.

e) Entfernen Sie die Gewürze und servieren Sie Obst und Flüssigkeit aus einem attraktiven Servierteller.

30. Schokoladentrüffel

Zutaten

- 1 halbsüße Schokoladenstückchen im 10-Unzen-Beutel
- 1/2 Tasse schwere Schlagsahne
- 1 Esslöffel ungesalzene Butter
- 2 Esslöffel Rotwein
- 1 Teelöffel Vanilleextrakt
- Toppings: zerkleinerte geräucherte Mandeln, Kakaopulver, geschmolzene Schokolade und Meersalz

Richtungen:

a) Schokolade zerhacken: Egal, ob Sie einen Schokoladenblock oder Schokoladenstückchen verwenden, Sie möchten sie zerhacken, damit sie leichter schmelzen. Siehe Hinweise zur Fehlerbehebung. Legen Sie die gehackte Schokolade in eine große Schüssel aus Edelstahl oder Glas.

b) Sahne und Butter erhitzen: Sahne und Butter in einem kleinen Topf bei mittlerer Hitze erhitzen, bis sie zu kochen beginnen.

c) Sahne mit Schokolade kombinieren: Sobald die Flüssigkeit zu kochen beginnt, gießen Sie sie sofort in die Schüssel über die Schokolade.

d) Zusätzliche Flüssigkeiten hinzufügen: Vanille und Wein hinzufügen und glatt rühren.

e) Kühlen / Kühlen: Decken Sie die Schüssel mit Plastikfolie ab und stellen Sie sie etwa eine Stunde lang in den Kühlschrank (oder 30 Minuten bis 1 Stunde im Gefrierschrank), bis die Mischung fest ist.

f) Trüffel rollen: Sobald die Trüffel abgekühlt sind, schöpfen Sie sie mit einem Melonenballer heraus und rollen Sie sie mit Ihren Händen. Das wird chaotisch!

g) Dann beschichten Sie sie mit Ihren gewünschten Belägen. Ich liebe zerkleinerte geräucherte Mandeln, Kakaopulver und geschmolzene gehärtete Schokolade mit Meersalz.

31. Eis mit Erdbeeren

Zutat

- 2 Pints   Erdbeeren

- ¼ Tasse Zucker

- ⅓ Tasse Trockener Rotwein

- 1   Ganze Zimtstange

- ⅛ Teelöffel Pfeffer, frisch gemahlen

- 1 Pint Vanilleeis

- 4 Zweige frische Minze zum Garnieren

a) Wenn die Erdbeeren klein sind, halbieren Sie sie. Wenn groß, in Viertel schneiden.

b) Kombinieren Sie Zucker, Rotwein und Zimtstange in einer großen Pfanne; Bei mittlerer Hitze ca. 3 Minuten kochen, bis sich der Zucker aufgelöst hat. Fügen Sie Erdbeeren und Pfeffer hinzu; kochen, bis die Beeren leicht weich werden, 4 bis 5 Minuten.

c) Vom Herd nehmen, Zimtstange entfernen und Beeren und Sauce auf die Gerichte verteilen. Auf Wunsch mit Vanilleeis und einem Zweig Minze servieren.

32. Melonenmousse in Muskatwein

Zutat

- 11 Unzen Melonenfleisch; Galia bevorzugt

- ½ Tasse süßer Muskatwein

- ½ Tasse) Zucker

- 1 Tasse Sahne

- ½ Tasse) Zucker

- ½ Tasse Wasser

- Verschiedene Früchte

- $1\frac{1}{2}$ Esslöffel Gelatine

- 2 Eiweiß

- 2 Tassen süßer Muskatwein

- 1 Zimtstange

- 1 Vanilleschote

a) In einem Mixer das Melonenfleisch zu einem glatten Püree verarbeiten.

b) Gelatine und $\frac{1}{2}$ Tasse Muskatwein in eine kleine Pfanne geben und zum Kochen bringen. Gut mischen, um sicherzustellen, dass die Gelatine vollständig aufgelöst ist. Die Gelatinemischung zur pürierten Melone geben und gut mischen. Über eine Schüssel voller Eiswürfel stellen.

c) In der Zwischenzeit das Eiweiß schlagen und den Zucker allmählich hinzufügen, bis es dick ist. Übertragen Sie die Mousse in eine Schüssel.

d) Für die Sauce Zucker und Wasser in eine mittelgroße Pfanne geben, zum Kochen bringen und bei schwacher Hitze kochen, bis sie dickflüssig und goldbraun werden. Fügen Sie 2 Tassen Muskatwein, Zimtstange, Vanilleschote und einen Streifen Orangenschale hinzu. Kochen.

33. Israelischer Wein- und Nusskuchen

Zutat

- 8 Eier

- 1½ Tasse Kristallzucker

- ½ Teelöffel Salz

- ¼ Tasse Orangensaft

- 1 Esslöffel Orangenschale

- ¼ Tasse Roter Pessachwein

- 1¼ Tasse Matzoh Kuchen Mahlzeit

- 2 Esslöffel   Kartoffelstärke
- ½ Teelöffel   Zimt
- ⅓ Tasse Mandeln; sehr fein gehackt

a) Nach und nach 1¼ Tassen Zucker und Salz in die Eigelbmischung schlagen, bis sie sehr dick und hell sind. Fügen Sie Orangensaft, Rinde und Wein hinzu; Mit hoher Geschwindigkeit ca. 3 Minuten schlagen, bis sie dick und leicht sind.

b) Mahlzeit, Kartoffelstärke und Zimt zusammen sieben; allmählich unter die orange Mischung heben, bis alles glatt vermischt ist. Eiweiß mit höchster Geschwindigkeit schlagen, bis das Weiß in Spitzen steht, aber nicht trocken ist.

c) Baiser leicht unterheben. Nüsse vorsichtig unter den Teig heben.

d) In eine ungefettete 10-Zoll-Röhrenpfanne verwandeln, deren Boden mit Wachspapier ausgekleidet ist.

e) Bei 325 Grad backen.

34. Weinkekse

Ausbeute: 12 Portionen

Zutat

- 1¼ Tasse Mehl

- 1 Prise   Salz

- 3 Unzen   Verkürzung; (Oleo)

- 2 Unzen   Zucker

- 1   Ei

- $\frac{1}{4}$ Tasse   Sherry; Bis 1/3 C oder irgendein Wein

a) Bereiten Sie sich wie normale Kekse vor, dh:
    Kombinieren Sie trockene Zutaten und schneiden
    Sie sie in Oleo. Kombinieren Sie Ei und Sherry und
    mischen Sie, um einen weichen Teig zu bilden.

b) Auf einer bemehlten Oberfläche ausklopfen. Mit
    einem Keksausstecher schneiden, auf Backbleche
    legen und mit etwas Zucker oder Mehl bestreuen.
    Backen Sie 350, 8 bis 10 Minuten.

35. Stachelbeerweinfondue

Zutat

- 1½ Pfund Stachelbeeren; gekrönt und beschattet

- 4 Unzen Puderzucker (granuliert)

- ⅔ Tasse Trockener Weißwein

- 2 Teelöffel Maismehl (Maisstärke)

- 2 Esslöffel Einzelne (leichte) Creme

- Brandy schnappt

a) Reserviere ein paar Stachelbeeren für die Dekoration und gib den Rest durch ein Sieb, um ein Püree zu machen.

b) In einem Fonduetopf Maismehl glatt mit Sahne mischen. Stachelbeerpüree einrühren, dann unter häufigem Rühren glatt und dick erhitzen.

c) Mit reservierten Stachelbeeren dekorieren und mit Brandy Snaps servieren.

36. Kuchen & Weinpudding

Zutat

- Makronen

- 1 Pint Wein

- 3 Eigelb

- 3 Eiweiß

- Biskuitkuchen

- Frauenfinger

- 1 Teelöffel Maisstärke

- 3 Teelöffel Zucker

- ½ Tasse Nüsse, gehackt

a) Legen Sie Stücke von Biskuit, Lady Fingers oder ähnlichem Kuchen in eine Tonschale (füllen Sie etwa ½ voll). Fügen Sie ein paar Makronen hinzu. Den Wein erhitzen. Maisstärke und Zucker mischen und langsam den Wein hinzufügen.

b) Das Eigelb schlagen und zur Weinmischung geben. 2 Minuten kochen lassen. Über den Kuchen gießen und abkühlen lassen. Nach dem Abkühlen mit dem steif geschlagenen Eiweiß bedecken und mit dem gehackten Nussfleisch bestreuen.

c) Backen Sie bei 325-F für ein paar Minuten, um zu bräunen. Kalt servieren

37. Rotwein und Blaubeergranita

Zutat

- 4 Tassen frische Blaubeeren

- 2 Tassen Zuckersirup

- 2 Tassen Burgunder oder trockener Rotwein

- 4½ Tasse Zucker

- 4 Tassen Wasser

a) Blaubeeren in einen großen Topf mit Sieb abseihen und Feststoffe verwerfen. Fügen Sie Sirup und Wein hinzu, bringen Sie die Mischung zum Kochen, reduzieren Sie die Hitze und lassen Sie sie unbedeckt 3-4 Minuten köcheln. Gießen Sie die Mischung in eine quadratische 8-Zoll-Schale, decken Sie sie ab und frieren Sie sie mindestens 8 Stunden lang oder bis sie fest ist ein.

b) Nehmen Sie die Mischung aus dem Gefrierschrank und kratzen Sie die gesamte Mischung mit den Zinken einer Gabel ab, bis sie flockig ist. Löffel in einen Behälter; abdecken und bis zu einem Monat einfrieren.

c) Grundlegender Zuckersirup: In einem Topf unter gutem Rühren vermischen. Zum Kochen bringen, kochen, bis sich der Zucker aufgelöst hat.

38. Melonen-Heidelbeer-Coupé

Zutat

- 1½ Tasse trockener Weißwein

- ½ Tasse) Zucker

- 1   Vanilleschote; in Längsrichtung teilen

- 2⅓ Tasse Cantaloupe-Würfel; (ungefähr 1/2 Melone)

- 2⅓ Tasse Honigtauwürfel

- 2⅓ Tasse Wassermelonenwürfel

- 3 Tassen frische Blaubeeren

- $\frac{1}{2}$ Tasse gehackte frische Minze

a) Kombinieren Sie $\frac{1}{2}$ Tasse Wein und Zucker in einem kleinen Topf. Samen von Vanilleschote einkratzen; Bohne hinzufügen. Bei schwacher Hitze ca. 2 Minuten rühren, bis sich der Zucker aufgelöst hat und der Sirup heiß ist. Vom Herd nehmen und 30 Minuten ziehen lassen. Vanilleschote aus dem Sirup nehmen.

b) Kombinieren Sie alle Früchte in einer großen Schüssel. Fügen Sie Minze und restliche 1 Tasse Wein Zuckersirup hinzu. Obst übergießen. Abdecken und mindestens 2 Stunden im Kühlschrank lagern.

c) Löffel Obst und etwas Sirup in große Stielbecher.

39. Limettenkuchen mit Weincreme

Zutat

- 1¼ Tasse gekühlte Schlagsahne

- 6 Esslöffel Zucker

- 2 Esslöffel Süßer Dessertwein

- 1½ Esslöffel frischer Zitronensaft

- 1 Esslöffel fein gehackte Walnüsse

- ¼ Tasse Zucker

- $\frac{1}{2}$ Teelöffel Salz

- $\frac{3}{4}$ Tasse gekühlte ungesalzene Butter

- 2 große Eigelb & 4 große Eier

- $\frac{1}{2}$ Tasse frischer Limettensaft & 1 Esslöffel geriebene Limettenschale

a) Sahne, Zucker, Wein und Zitronensaft in einer Rührschüssel vermischen und schlagen, bis sich weiche Spitzen bilden. Muttern vorsichtig unterheben.

b) Mehl, Zucker und Salz im Prozessor mischen. Fügen Sie Butter hinzu; Mit Ein / Aus-Umdrehungen einschneiden, bis die Mischung einer groben Mahlzeit ähnelt. Eigelb und Wasser in einer Schüssel verquirlen. Zum Prozessor hinzufügen; Mischen Sie mit Ein / Aus-Umdrehungen, bis sich feuchte Klumpen bilden. 20 Minuten backen.

c) Eier und Zucker in einer Schüssel leicht und cremig rühren. Mehl in Eimischung sieben; Schneebesen zu kombinieren. Buttermilch hinzufügen. Butter mit Limettensaft schmelzen und unter die Eimischung rühren. Füllung in die Kruste gießen.

40. Matzoh-Weinbrötchen

Zutat

- 8 Quadrate Matzoh

- 1 Tasse süßer Rotwein

- 8 Unzen   Halbbitter Schokolade

- $\frac{1}{2}$ Tasse Milch

- 2 Esslöffel Kakao

- 1 Tasse Zucker

- 3 Esslöffel Brandy

- 1 Teelöffel Instant-Kaffeepulver

- 2 Sticks Margarine

a) Den Matzoh zerbröckeln und den Wein einweichen. Die Schokolade mit Milch, Kakaopulver, Zucker, Brandy und Kaffee bei sehr schwacher Hitze schmelzen.

b) Vom Herd nehmen und die Margarine hinzufügen. Rühren, bis es geschmolzen ist.

c) Den Matzoh zur Schokoladenmischung geben. Teilen Sie die Mischung in zwei Hälften. Formen Sie jede Hälfte zu einer langen Rolle und wickeln Sie sie fest in Aluminiumfolie. Über Nacht kühlen, Aluminiumfolie entfernen und in Scheiben schneiden.

d) Vier Tassen in Papier geben und servieren.

41. Moustokouloura

Zutat

- $3\frac{1}{2}$ Tasse Allzweckmehl plus extra zum Kneten

- 2 Teelöffel Backpulver

- 1 Esslöffel frisch gemahlener Zimt

- 1 Esslöffel frisch gemahlene Nelken

- $\frac{1}{4}$ Tasse Mildes Olivenöl

- 2 Esslöffel Honig

- $\frac{1}{2}$ Tasse griechischer Wein muss Sirup sein

- $\frac{1}{2}$ Orange

- 1 Tasse Orangensaft

a) Mehl, Backpulver, Zimt und Nelken in eine große Schüssel sieben und in der Mitte einen Brunnen bilden.

b) In einer kleineren Schüssel das Olivenöl mit Honig, Petimezi, geriebener Orangenschale und $\frac{1}{2}$ Orangensaft schlagen und in den Brunnen gießen. Mischen Sie zusammen, um einen Teig zu machen.

c) Auf eine bemehlte Oberfläche geben und ca. 10 Minuten kneten, bis der Teig glatt, aber nicht steif ist.

d) Brechen Sie Teigstücke mit jeweils etwa 2 Esslöffeln ab und rollen Sie sie zu Schlangen mit einem Durchmesser von etwa 1 cm.

e) Backen Sie in einem auf 375 F vorgeheizten Ofen für 10-15 Minuten - bis sie braun und knusprig, aber nicht zu hart sind.

42. Orangenwaffeln

Zutat

- 2½ Esslöffel   Orangenschale

- 2 Tassen Gebäck oder Allzweckmehl

- ½ Teelöffel Salz

- 1 Teelöffel Backpulver

- 2 Esslöffel (1/4 Stick) Butter oder

- Margarine, erweicht

- $\frac{1}{2}$ Tasse Weißwein

a) Heizen Sie den Ofen auf 350 ~ F vor.

b) Um die Schale zuzubereiten, reiben Sie die äußere Schale der Orangen leicht gegen den feinen Rost einer Käsereibe.

c) Mehl, Orangenschale, Salz und Backpulver in einer großen Schüssel vermengen. Schneiden Sie die Butter ein und fügen Sie langsam den Wein hinzu.

d) Falten Sie auf einer bemehlten Oberfläche das linke Drittel des Teigs über das mittlere Drittel. Ebenso falten Sie das rechte Drittel über die Mitte.

e) Rollen Sie den Teig diesmal etwas dünner aus, etwa 1 cm dick.

f) Schneiden Sie mit einem scharfen Messer in 2-Zoll-Quadrate.

g) Stechen Sie jeden Cracker zwei- oder dreimal mit den Zinken einer Gabel durch. 15 bis 20 Minuten backen, bis sie leicht gebräunt sind.

43. Orangen-Mandel-Kuchen

Zutat

- ½ Tasse ungesalzene Butter - (1 Stick); erweicht

- 1 Tasse Kristallzucker

- 2 Eier

- 2 Teelöffel Vanille

- ½ Teelöffel Mandelextrakt

- ¼ Tasse gemahlene unblanchierte Mandeln

- 2 Teelöffel Geriebene Orangenschale

- 1½ Tasse Allzweckmehl; Plus

- 2 Esslöffel   Allzweckmehl

- 2 Teelöffel Backpulver

- 1 Teelöffel Salz

- 1 Tasse saure Sahne

- 1 Pint Himbeeren oder Erdbeeren

- $\frac{1}{2}$ Tasse Sekt

a) Butter und Zucker leicht und locker verrühren.

b) Fügen Sie Eier, Vanille, Mandelextrakt, Mandeln und Orangenschale hinzu; auf niedrig schlagen, bis kombiniert. Mehl, Backpulver und Salz zusammen sieben; abwechselnd zur Buttermischung mit saurer Sahne geben.

c) Teig in die Pfanne geben; tippen Sie leicht darauf, um es auszugleichen. 20 Minuten backen.

d) 10 Minuten abkühlen lassen; Aus der Kuchenform nehmen oder die Seiten der Springform entfernen. Die Beeren mit Zucker bestreuen und mit ausreichend Sekt bestreuen, um sie gründlich zu befeuchten.

e) Den Kuchen auf den Teller legen, mit Beeren und Saft umgeben.

44. Pflaumentorte mit Crème Fraiche

Zutat

- 10 Zoll süße Gebäckschale; bis zu 11

- 550 Gramm Pflaumen; gewaschen

- 2 Esslöffel Puderzucker

- 125 Milliliter Portwein

- 1   Vanilleschote schnitt die Mitte ab

- $\frac{1}{2}$ Pint Creme

- 1 Unze Mehl

- 2 Unzen Zucker

- 2 Eigelb

- 2 Blattgelatine; eingeweicht

a) Entfernen Sie die Steine von den Pflaumen und schneiden Sie sie in vier Teile. Backen Sie den süßen Gebäckkasten blind und kühl.

b) Machen Sie die Creme Pat, indem Sie Ei und Zucker in einer Schüssel über heißem Wasser mischen. Fügen Sie einen Esslöffel Sahne hinzu und fügen Sie nach und nach das Mehl hinzu. Fügen Sie mehr Sahne hinzu und legen Sie sie in eine saubere Pfanne und erwärmen Sie sie erneut.

c) Legen Sie eine gute Schicht Cremetupfer auf den Boden des Gebäckkastens und glätten Sie ihn mit einem Spachtel oder einem Plastikschaber.

d) Die Pflaumen auf das Gebäck legen und 30-40 Minuten im Ofen backen.

e) Den Zucker im Portwein köcheln lassen und die Vanilleschote hinzufügen, die Flüssigkeit leicht reduzieren. Fügen Sie die Blattgelatine hinzu und kühlen Sie leicht ab. Entfernen Sie die Torte und kühlen Sie sie ab, gießen Sie sie über die Portglasur und lassen Sie sie im Kühlschrank fest werden. In Scheiben schneiden und mit Crème Fraiche servieren.

45. Rotwein Brownies

ZUTATEN

- $\frac{3}{4}$ Tasse (177 ml) Rotwein
- $\frac{1}{2}$ Tasse (60 g) getrocknete Preiselbeeren
- 156 g Tassen Allzweckmehl
- $\frac{1}{2}$ Teelöffel Meersalz
- $\frac{1}{2}$ Tasse (115 g) gesalzene Butter plus extra zum Einfetten
- 180 g dunkle oder halbsüße Schokolade
- 3 große Eier
- 1 $\frac{1}{4}$ Tassen (250 g) Zucker
- $\frac{1}{2}$ Tasse (41 g) ungesüßtes Kakaopulver

- ½ Tasse (63 g) gehackte Walnüsse (optional)

Richtungen:

a) Mischen Sie in einer kleinen Schüssel den Rotwein und die Preiselbeeren und lassen Sie sie 30 Minuten bis eine Stunde lang ruhen oder bis die Preiselbeeren prall aussehen. Sie können den Wein und die Preiselbeeren vorsichtig auf dem Herd oder in der Mikrowelle erhitzen, um den Vorgang zu beschleunigen.

b) Heizen Sie den Ofen auf 350 Grad vor und fetten und bemehlen Sie eine 8 x 8 Zoll große Pfanne.

c) Mehl und Meersalz in einer Schüssel mischen und beiseite stellen.

d) In einer Schüssel über kochendem Wasser Butter und Schokolade erhitzen, bis sie gerade geschmolzen und miteinander vermischt sind.

e) Nehmen Sie die Schüssel vom Herd und schlagen Sie die Eier nacheinander ein. (Wenn die Schüssel sehr heiß erscheint, können Sie sie etwa 5 Minuten abkühlen lassen, bevor Sie die Eier hinzufügen.)

46. Vanille Panna Cotta

Zutaten

- Sahne - 2 Tassen
- Zucker plus 3 EL - 1/4 Tasse
- Vanilleschoten - beide in zwei Hälften geteilt, Samen von einem abgekratzt - 1
- Vanillepaste - 1/2 TL
- Öl - 1 EL
- Pulverförmige Gelatine gemischt mit 90 ml kaltem Wasser - 2 TL
- Körnererdbeeren - 125 g

- Rotwein - 1/2 Tasse

Richtungen:

a) Die Sahne und eine halbe Tasse Zucker vorsichtig in einem Topf erhitzen, bis sich der gesamte Zucker aufgelöst hat. Vom Herd nehmen und den Vanilleextrakt und 1 Vanilleschote zusammen mit den davon abgekratzten Samen einrühren.

b) Die Gelatine in einer großen Schüssel über das kalte Wasser streuen und vorsichtig mischen.

c) Gießen Sie die erwärmte Creme über die Gelatine und kombinieren Sie sie gründlich, bis sich die Gelatine aufgelöst hat. Die Mischung durch ein Sieb passieren.

d) Die Mischung auf die gefetteten Schalen verteilen und bis zum Abbinden im Kühlschrank aufbewahren. Dies dauert normalerweise bis zu 3 Stunden.

e) In einem Topf den Rotwein, 6 EL Zucker und die restlichen Vanilleschoten zum Kochen bringen.

f) Die Erdbeeren abspülen, schälen, in Scheiben schneiden und zum Sirup geben, dann über die freigesetzte Panna Cotta geben.

47. Weinkuchen

Zutat

- 140 Gramm normales Mehl (5 oz)

- 1 Teelöffel Backpulver

- 60 Gramm ungesalzene Butter (2 1/4 oz)

- 1 Schuss Salz

- 120 Gramm Puderzucker

- 1 Teelöffel gemahlener Zimt

- 10 Gramm Normalmehl (1/4 oz)

- ½ Teelöffel Zucker

- 3 Esslöffel Milch

- 100 Milliliter   Guter trockener Weißwein

- 15 Gramm Butter (ca. 1/2 Unze)

a) Gebäck: Mehl, Backpulver und weiche Butter in eine große Schüssel geben. Fügen Sie das Salz und den Zucker hinzu. Fügen Sie die Milch hinzu.

b) Erleichtern Sie das Gebäck in den Boden der Dose.

c) Mischen Sie den Zucker, Zimt und Mehl zusammen. Streuen Sie diese Mischung über den gesamten Boden der Torte. Gießen Sie den Wein über die Zuckermischung und mischen Sie ihn mit Ihren Fingerspitzen.

d) Die Torte 15 ... 20 Minuten im Boden des vorgeheizten Ofens kochen.

e) Lassen Sie die Torte abkühlen, bevor Sie sie aus der Dose nehmen.

48. Zabaglione

Zutat

- 6 Eigelb

- ½ Tasse Zucker

- ⅓ Tasse Mittlerer Weißwein

a) Eigelb mit einem Elektromixer auf dem Wasserbad
    schaumig schlagen. Zucker allmählich einrühren.
    Gießen Sie gerade genug heißes Wasser in den

Boden des Doppelkessels, damit der obere Teil kein Wasser berührt.

b) Eigelb bei mittlerer Hitze kochen; Mischen Sie den Wein langsam ein und schlagen Sie ihn mit hoher Geschwindigkeit, bis er glatt, blass und dick genug ist, um in weichen Hügeln zu stehen.

c) Sofort in flachen Stielgläsern servieren.

49. Winterfrüchte in Rotwein

Zutat

- 1 Zitrone

- 500 Milliliter   Rotwein

- 450 Gramm Puderzucker

- 1 Vanilleschote; halbiert

- 3 Lorbeerblätter

- 1 Zimtstange

- 12 Schwarze Pfefferkörner

- 4 kleine   Birnen

- 12 Pflaumen ohne Einweichen

- 12 Aprikosen ohne Einweichen

a) Einen Streifen Zitronenschale abschneiden und die Zitrone halbieren. Zitronenschale, Zucker, Wein, Vanilleschote, Lorbeerblätter und Gewürze in eine große, nicht reaktive Pfanne geben und unter Rühren kochen.

b) Die Birnen schälen und mit der geschnittenen Seite der Zitrone einreiben, um Verfärbungen zu vermeiden. Bringen Sie den Rotweinsirup wieder zum Kochen, lassen Sie ihn leicht köcheln und fügen Sie die Birnen hinzu.

c) Fügen Sie die Pflaumen und Aprikosen zu den Birnen hinzu. Setzen Sie den Deckel wieder auf und lassen Sie ihn vollständig abkühlen, bevor Sie ihn über Nacht kühlen.

50. Zitronentee-Kuchen

Zutat

- ½ Tasse trockener Rotwein

- 3 Esslöffel frischer Zitronensaft

- 1½ Esslöffel Maisstärke

- 1 Tasse frische Blaubeeren

- Prise gemahlener Zimt & Muskatnuss

- ½ Tasse ungesalzene Butter; Zimmertemperatur

- 1 Tasse Zucker

- 3 groß   Eier

- 2 Esslöffel   Geriebene Zitronenschale

- 2 Esslöffel frischer Zitronensaft

- 1 Teelöffel Vanilleextrakt

- $1\frac{1}{2}$ Tasse gesiebtes Kuchenmehl

- $\frac{1}{2}$ Teelöffel Backpulver & $\frac{1}{4}$ Backpulver

- $\frac{1}{4}$ Teelöffel Salz

- $\frac{1}{2}$ Tasse Sauerrahm

a) Wasser, Zucker, trockenen Rotwein, frischen Zitronensaft und Maisstärke in einem mittelgroßen Topf umrühren.

b) Heidelbeeren hinzufügen. Kochen, bis die Sauce dick genug ist, um den Löffel zurück zu beschichten, unter ständigem Rühren ca. 5 Minuten.

c) Butter und Zucker in einer großen Schüssel schaumig schlagen. Eier nacheinander einrühren. Geriebene Zitronenschale, Zitronensaft und Vanilleextrakt einrühren. Sieben Sie Kuchenmehl, Backpulver, Backpulver und Salz in eine mittelgroße Schüssel.

d) Den Teig in die vorbereitete Backform geben. Backen Sie und kühlen Sie dann Kuchen auf Gestell 10 Minuten ab.

FAZIT

Moderne Rezepthersteller verbringen viel Zeit damit, hausgemachte Aufgüsse, Tinkturen und mit Wein angereicherte Gerichte zu bewerben. Und das aus gutem Grund: Mit benutzerdefinierten Sirupen und Likören können Bars Cocktails kreieren, die nicht immer repliziert werden können. Für Bar-Manager und -Eigentümer, die das Beste aus den geringen operativen Margen herausholen möchten, ist es billiger, mit übrig gebliebenen Zutaten aus der Küche eines Restaurants etwas „Maßgeschneidertes" zu machen, als für vorgefertigte kommerzielle Angebote zu bezahlen.

Die meisten Zutaten können zum Aufgießen mit Wein verwendet werden. Zutaten mit natürlichem Wassergehalt wie frisches Obst weisen jedoch tendenziell eine bessere Leistung auf.

Sie haben jedoch die Wahl, und das Experimentieren ist Teil des Spaßes. Was auch immer Sie versuchen, die Ergebnisse werden erfreulich sein!

Lightning Source UK Ltd.
Milton Keynes UK
UKHW020802160621
385600UK00005B/55